AF456175

EXPOSITION UNIVERSELLE DE 1878

MINISTÈRE DE L'INSTRUCTION PUBLIQUE

ET DES BEAUX-ARTS

CATALOGUE

DE

L'EXPOSITION THÉATRALE

PARIS

IMPRIMERIE TYPOGRAPHIQUE DE A. POUGIN

13, QUAI VOLTAIRE, 13

1878

EXPOSITION UNIVERSELLE DE 1878

MINISTÈRE DE L'INSTRUCTION PUBLIQUE

ET DES BEAUX-ARTS

CATALOGUE

DE

L'EXPOSITION THÉATRALE

PARIS
IMPRIMERIE TYPOGRAPHIQUE DE A. POUGIN
13, QUAI VOLTAIRE, 13

1878

CATALOGUE

DE

L'EXPOSITION THÉÂTRALE

INTRODUCTION

Quand le rideau se lève sur une décoration théâtrale, le public, à l'aspect du tableau qui lui est présenté, reçoit une impression plus ou moins vive, sans avoir à se préoccuper des moyens par lesquels l'effet est produit ni des efforts qui ont concouru à le produire.

Ces efforts sont considérables; ces moyens sont très compliqués. Une décoration théâtrale, en effet, est une œuvre des plus complexes : l'auteur de l'ouvrage indique le lieu où se passe l'action, et les objets nécessaires à la mise en scène; le directeur du théâtre ajoute à ce programme tout ce que son goût et son expérience peuvent lui suggérer; le peintre décorateur réalise les conceptions de l'auteur et du directeur, et présente ses dessins : quand ils ont été acceptés, il donne les mesures au machiniste, chargé de la construction et qui doit livrer aux peintres les châssis et les toiles qui formeront la décoration.

Cela s'est fait ainsi à peu près de tout temps : M. Emile Picot, dans un travail récent (*Pierre Gringore et les comédiens italiens*), cite le passage suivant des registres de l'hôtel de ville de Paris à la date du lundi 5 décembre 1530. « Les ita-
« liens ont ce jourd'huy apporté au bureau... des pourtraits en
« papier pour les inventions des Mystères qu'ils seroient d'avis
« estre faits à l'entrée de la reine Eléonore... lesquels pour-
« traits ont esté vus par mes dits sieurs assemblez et leur a

« esté demandé quel prix ils voudroient avoir pour faire les « dits mystéres, etc.. »

C'est exactement ainsi qu'on procède aujourd'hui. Dans les théâtres où la décoration joue un rôle important, on ne se contente pas d'un dessin; le décor, tel qu'il doit être construit, est exécuté en carton découpé et peint avec soin; c'est ce que l'on appelle une *maquette.*

D'après cette maquette mise au carreau, l'artiste trace et peint son œuvre [1]. Tout ce qu'il faut d'entente de la perspective, d'études spéciales, de recherches patientes pour reproduire dans leurs proportions naturelles et avec leurs moindres détails, les paysages les plus divers, l'architecture de tous les temps et de tous les pays, on le comprend sans peine. La nécessité de faire se raccorder toutes les parties d'un tableau formé de morceaux séparés, et destiné à être vu de différents points d'une salle; d'obtenir l'unité de ton en peignant côte à côte des surfaces et des reliefs qui doivent se confondre pour le spectateur; enfin, de régler pour chaque partie de la décoration l'intensité de l'éclairage, tout cela constitue autant de difficultés dont les peintres de nos grands théâtres savent triompher à force de travail et de talent.

Depuis l'organisation des archives de l'Opéra, en 1864, les *maquettes* de chaque décoration y sont conservées. L'existence de cette collection a donné l'idée d'une exposition qui jusqu'ici n'avait pas encore été tentée. M. le baron O. de Watteville, directeur des sciences et des lettres au ministère de l'instruction publique, chargé d'organiser à l'Exposition universelle la partie relative aux divers services de ce ministère, a présenté au ministre le projet d'une exposition théâtrale en lui proposant de joindre aux dessins et aux maquettes des décors de l'Opéra d'autres pièces du même genre appartenant à d'autres théâtres, ainsi que des dessins relatifs au costume et à la machinerie théâtrale, et enfin de reconstituer, d'après les documents les plus certains, plusieurs décorations des premiers opéras, des premières pièces de la Comédie Française et de l'Hôtel de Bourgogne, et même des mystères qui ont été l'origine de nos premières représentations théâtrales.

Une commission a été nommée par arrêté du 17 septembre 1877. Elle était composée de :

MM. :

Le baron de Watteville, directeur des sciences et des lettres, membre de la commission supérieure des expositions; président;

1. Voir la maquette du premier acte de *Guillaume Tell* (nº XXIV).

Armand-Dumaresq, peintre;

De Beauplan, sous-directeur des beaux-arts;

Berger, directeur des sections étrangères à l'Exposition universelle, professeur suppléant à l'École des beaux-arts;

Charmes, chef du cabinet du ministère de l'instruction publique.

Diéterle, peintre décorateur, directeur de la manufacture nationale de Beauvais;

Garnier (Charles), membre de l'Institut;

Halanzier, directeur de l'Opéra;

Nuitter, archiviste de l'Opéra;

Perrin (Emile), membre de l'Institut, administrateur général de la Comédie-Française;

De Watteville (Olivier), inspecteur des services administratifs au ministère de l'intérieur.

Dès les premières séances de la commission, M. Charles Garnier proposa que le théâtre antique fût représenté à l'Exposition théâtrale, et cette proposition ayant été accueillie, M. Charles Garnier demanda que M. Heuzey lui fût adjoint et pût l'aider de ses connaissances archéologiques.

La commission décida que toutes les reproductions seraient faites à une même échelle, afin que les dimensions des diverses salles de spectacle fussent mieux saisies par le public. Les maquettes déjà construites du nouvel Opéra étant à l'échelle de 3 centimètres pour mètre, les mêmes proportions furent adoptées pour toutes les maquettes à construire.

M. Halanzier fut chargé de tout ce qui concernait le choix et la mise en état des maquettes de décorations du nouvel Opéra exécutées sous sa direction.

M. Perrin fut chargé de diriger le travail de reconstitution des anciennes décorations tant de l'Opéra que de l'hôtel de Bourgogne et de la Comédie-Française, et, en outre, du mystère de Valenciennes.

MM. Ch. Garnier et Heuzey furent chargés de reconstituer le théâtre antique.

THÉATRE ANTIQUE

Devrait-on reproduire un théâtre grec ou romain? Parmi les théâtres qui subsistent encore en partie, lequel devait être choisi?

On a donné la préférence au théâtre d'Orange, d'abord parce qu'il est situé en France, ensuite parce que Caristie a publié un travail très-consciencieux et très-complet sur la restauration de ce théâtre, et que le temps manquait pour faire des études approfondies sur d'autres scènes antiques.

M. Heuzey a bien voulu joindre aux nos I à VII du catalogue, un historique et des notes que l'on lira avec le plus vif intérêt.

MYSTÈRE DE VALENCIENNNES

On connaît trois copies de ce mystère : l'exemplaire de la Bibliothèque nationale (Fr. 12536); celui de la bibliothèque de Valenciennes (n° 527), et enfin, un très-bel exemplaire appartenant à Mme la marquise de la Coste, qui a bien voulu avoir l'extrême obligeance de le prêter au ministère de l'instruction publique pour l'exposition théâtrale.

Chacun de ces exemplaires est orné au commencement d'une grande gouache très-finement exécutée et représentant « le téatre ou hourdement pourtraict comme il estoit quand fut ioué le mystère de la Passion nostre Sgr Iesus-Christ. a° 1547. »

Ce type fut choisi comme un de ceux dont la reproduction pouvait offrir le plus d'exactitude. La hauteur des siéges et des marches a permis d'établir approximativement les dimensions de l'ensemble et de les reproduire à l'échelle adoptée de 3 centimètres pour mètre.

M. Marius Sepet, qui a publié plusieurs travaux justement remarqués sur les mystères, a été adjoint à la sous-commission pour ce qui concernait le mystère de Valenciennes.

Pour faire connaître les circonstances relatives à la représentation de ce mystère, nous ne pouvons mieux faire que d'extraire les détails suivants d'une lettre adressée à M. le directeur des sciences et lettres, président de la commission chargée d'organiser l'exposition théâtrale, par M. Dehaisnes, archiviste du Nord.

Le mystère de la vie, passion, mort, résurrection et ascension de Jésus-Christ, a été représenté à Valenciennes en 1547, au logis de Philippe de Croy, duc d'Arschot, grand bailli du Hainaut, devant l'église Saint-Nicolas. Les mots : *au logis de Philippe de Croy*, semblent indiquer que ce fut au logis même de ce grand bailli qu'eut lieu la représentation. Toutefois, les différents manuscrits ne fournissent aucun renseignement sur l'emplacement, l'orientation, les dimensions et la construction du théâtre. Les comptes de la ville de Valenciennes qui manquent pour l'année 1547, n'auraient pu fournir d'ailleurs aucun renseignement, puisque les *hourdements*, *accoustrements et autres ustensils* furent achetés aux frais des acteurs, qui formaient une association. Les frais montèrent à 4,179 livres, 4 sous, 9 deniers; les vingt-cinq jours de représentation produisirent une recette de 4,680 liv. 14 s. 6 d. Les spectateurs payaient 6 deniers pour monter sur un hourdement qui avait été érigé. Les échafaudages, costumes et machines furent vendus après la représentation pour la somme de 728 liv. 12 s. 6 d. Les associés, au nombre de 65, se trouvèrent donc, en fin de compte, avoir gagné une somme de 1,230 liv. 2 s. 3 d., qui fut partagée entre eux.

Les manuscrits ont été enluminés par Hubert Cailliau, qui avait rempli plusieurs rôles dans le mystère. Il existe à la bibliothèque de Douai un nombre assez considérable de manuscrits enluminés par le même artiste.

Le manuscrit de Mme la marquise de la Coste contient, au commencement de chaque journée, une description des changements et machines que le rédacteur qualifie de « *beaux secrets*. » Nous en citerons quelques-uns dont l'indication complète l'œuvre du dessinateur et permet d'apprécier ce qu'étaient la mise en scène et la machinerie théâtrale à cette époque : « au Paradis un ray d'or derrière Dieu le père, tournant incessamment. En enfer, s'ouvrant le gouffre sortoit feu et fumée avec diables d'horribles formes, et Lucifer jectant feu et fumee par la gœulle..., à la nativité du Seigneur, les anges vollant en l'air et chantant et faisant grand splendeur de flambe au moien de quelque baston doré qu'ils tenoient en leurs mains en forme de lampe au boult, dont sortoit la dicte flambe soufflant quelque peu le dict baston. Item à l'occision des innocents on voyoit sortir le sang de leurs corps... Item aussy de Sathan qui porta Jésus rampant contre la muraille, bien quarante ou cinquante pieds de hault... Item aux nopces... où l'eau qu'on versa devant tous fut muée en vin et dont en burent plus de cent personnes des spectateurs, de même à la multiplication des pains on en donna à plus de mille personnes et en fut recueilli douze corbeilles pleines, etc. »

Ce luxe et cette complication de machines se retrouvent dans tous les mystères dont les frais étaient faits par de riches corporations ; le document le plus complet qui existe sur ce sujet est « *l'extrait des fainctes qu'il conviendra faire pour le « mistère des Actes des Apostres*. » Ce mystère fut représenté à Bourges en avril 1536, dans l'ancien amphithéâtre Romain, qui ne fut comblé qu'au XVIIe siècle. La représentation dura quarante jours. (Mystère des actes des Apôtres, publié d'après le manuscrit original par le baron A. de Girardot. Paris, Didron, 1854, in-4.).

THÉATRE DE L'HOTEL DE BOURGOGNE

Parmi les manuscrits du fonds La Vallière, actuellement conservés à la Bibliothèque nationale, il en est un qui présente le plus vif intérêt au point de vue de l'histoire de notre ancien Théâtre-Français.

Il porte le titre suivant :

« Mémoire de plusieurs décorations qui servent aux pièces « contenus en ce présent livre, commencé par Laurent Mahe- « lot et continué par Michel Laurent en l'année 1673. » (Fr. 24,330).

Ce manuscrit contient dans sa première partie, la description des décors et la liste des accessoires de soixante et onze pièces de Hardy, de Rotrou, de du Ryer, de Scudery, de Corneille, de Benserade, etc.; c'est le répertoire de l'Hôtel de Bourgogne; c'est l'ancien théâtre français tel qu'il était avant les chefs-d'œuvre de Corneille, de Molière et de Racine.

Parmi ces 71 descriptions, 47 sont accompagnées de dessins représentant la décoration. Ces documents sont d'autant plus précieux que, parmi les pièces de cette époque, celles qui ont été imprimées ne contiennent aucune indication sur la mise en scène, et que cette mise en scène d'une nature toute spéciale peut seule faire comprendre ce qu'était la représentation des œuvres dramatiques au commencement du XVIIe siècle.

Pour la *Folie de Clidamant* de Hardy, par exemple, le théâtre représente à gauche un vaisseau d'où une femme doit se jeter dans la mer; plus loin l'entrée d'un palais; au fond, un beau palais avec un trône; à droite, une chambre qui s'ouvre et ferme avec un lit et des draps [1].

C'est ainsi que, sans changement à vue, et la scène représentant à la fois les lieux les plus divers, l'action pouvait se passer à gauche sur un vaisseau; à droite dans une chambre à coucher. Il suffisait pour cela que la scène fût jouée par les acteurs d'un côté ou d'un autre du théâtre.

Cette simultanéité de lieux qui, selon la remarque de M. E. Perrin, à une des séances de la commission, paraît procéder de la décoration des mystères, constitue une particularité de notre histoire théâtrale qui était à peu près oubliée. Tout cela devait disparaître avec la régularité de notre théâtre classique et les chefs-d'œuvre qui allaient bientôt l'illustrer. Est-ce ainsi que se représentaient les pièces espagnoles qui eurent alors tant d'influence sur notre littérature dramatique? Nous ne saurions le dire; Pellicer, dans son ouvrage intitulé : *Tra-*

1. *V. La Maquette du décor*, n° XIV.

tado historico sobre el origen y progresos de la comedia y del histrionismo en España [1], n'y fait aucune allusion et, chose assez singulière, les détails les plus précis qu'il donne sur les représentations dramatiques de son pays sont empruntés au récit d'un voyageur français, venu en Espagne en 1659, avec le maréchal de Grammont.

Quatre décorations ont été reconstituées d'après les dessins de Laurent Mahelot. Elles feront connaître mieux que toutes les descriptions une forme de l'art dramatique sur laquelle les historiens du théâtre ne nous ont donné aucun détail et qu'ils paraissent avoir volontairement laissée dans l'oubli, comme digne tout au plus de ces tragi-comédies auxquelles ils reprochent tous les défauts du style et le mépris de toutes les unités.

Le théâtre de l'Hôtel de Bourgogne était situé rue Mauconseil, sur un terrain faisant partie de l'ancien hôtel de Bourgogne. Dès 1548, les confrères de la Passion s'y étaient établis; plus tard, ils cédèrent leur privilége et leur hôtel à une troupe de comédiens, tout en se réservant la jouissance de deux loges. Après les comédiens français, ce théâtre fut occupé par les comédiens italiens, qui y donnèrent leurs représentations jusqu'en 1783.

Nous n'avons pu trouver ni aux archives nationales, ni à la Bibliothèque nationale ou à la bibliothèque de la ville de Paris, un plan du théâtre de l'hôtel de Bourgogne. Le seul document relatif à cette salle qui soit venu à notre connaissance est un plan gravé de la Comédie-Italienne, publié par Dumont, dans son *parallèle des plans des plus belles salles de spectacle d'Italie et de France.*

C'est d'après ce plan qu'ont été déterminées les dimensions de la salle de l'Hôtel de Bourgogne. Parfait, dans son *Histoire du Théâtre français* (tome I, p. 61), constate que ces bâtiments subsistaient en 1745, tels qu'ils avaient été construits; d'ailleurs l'exiguïté du terrain n'aurait permis que d'y apporter des modifications peu importantes.

THÉATRE DU PETIT-BOURBON.

Le théâtre du Petit-Bourbon était bâti sur le terrain où fut construite, plus tard la façade du Louvre, du côté de Saint-Germain l'Auxerrois. La salle avait dix-huit toises de long sur huit de large; à un des bouts de cette salle était élevé un théâtre de huit toises de largueur et d'autant de profondeur.

1. Madrid, 1804.

C'est sur ce théâtre que jouaient les comédiens français quand ils étaient mandés par le roi. Il fut donné aux comédiens italiens en 1653; plus tard la troupe de Molière y joua alternativement avec eux. Cette salle fut démolie en 1660 (Parfait *Histoire du théâtre français*, tome VIII, p. 239).

C'est sur le théâtre du Petit-Bourbon qu'une troupe italienne, mandée par Mazarin, représenta en 1645, la *Finta Pazza* dont les décorations étaient de Torelli. Ce n'était pas encore un opéra régulier, mais un mélange de chant, de danse et de comédie.

Les décorateurs français, tels que ceux qui travaillaient pour l'hôtel de Bourgogne, sont traités par les contemporains de barbouilleurs; les décorateurs italiens, au contraire étaient des artistes particulièrement habiles à exécuter les décors d'architecture.

Le décor de la *Finta Pazza* (nº XVIII) a été reconstitué d'après le dessin original faisant partie du *Recueil de décorations de théâtre formé par Levesque, garde général des magasins des menus plaisirs de la chambre du roy, en* 1752 (Archives nationales O[1] 3238-3242).

TRÉATRE DE LA COMÉDIE-FRANÇAISE.

(*Salle de la rue Mazarine.*)

La Comédie-Française possède dans ses archives un document qui est à la fois très-précieux comme autographe et comme dessin relatif à l'art de la décoration.

C'est le projet d'un décor présenté par le peintre aux comédiens pour la reprise de *Psyché* qui eut lieu en 1685. Ce projet a été adopté et porte la mention suivante : *Paraphé*; *C. V. de la Grange*, *Raisin*. *G. Lecomte*, *Jouachim Pizzoli*. Ce dernier nom est celui du peintre.

M. Emile Perrin, administrateur général de la Comédie-Française, a bien voulu prêter ce dessin à l'exposition théâtrale où il figure sous le nº 16.

Une des particularités intéressantes de ce document, c'est qu'il porte à un de ses angles une échelle de toise. Cette échelle a permis de reconstituer la décoration dans des proportions semblables à celles des autres maquettes; elle donne en outre les dimensions exactes de la scène de la rue Mazarine, construite en 1671 pour l'Opéra, occupée depuis 1673 par les comédiens français, dimensions qu'aucun autre document n'avait permis jusqu'ici de déterminer avec précision.

THÉATRE DE L'ACADÉMIE ROYALE DE MUSIQUE.

(Salle du Palais-Royal.)

Ici les documents abondent. On possède les plans de la salle, soit gravés par Blondel, soit manuscrits aux archives nationales et à la Bibliothèque nationale. Un plan spécial de la scène, gravé comme cela se fait encore, pour le service journalier des décorateurs et du machiniste, existait, avant 1871, aux archives de la ville de Paris. Heureusement une copie en avait été prise et est conservée aux archives de l'Opéra.

Quant aux décorations, on peut dire que la collection complète, pour l'époque de Louis XIV, est contenue dans les volumes des archives nationales dont nous avons déjà parlé et dans un recueil appartenant à l'administration du Mobilier national; en outre les principaux décors des premiers opéras sont gravés avec soin en tête des éditions originales.

Lully dans les premières années de sa direction fit exécuter les décorations par Vigarani, avec qui il avait fait un traité. C'est cet artiste qui est l'auteur des décorations d'*Atys* (n° XIX) et de *Psyché* (n° XX). Les dessins originaux existent pour la première de ces décorations aux Archives nationales; pour la seconde au Mobilier national.

Parfait dans son *histoire de l'Académie Royale de Musique*. (Bibliothèque nationale. Manuscrits Fr. 12,355) nous apprend que, vers 1680, la société qui existait entre Lully et Vigarani, ayant cessé, « Berain, dessinateur ordinaire du cabinet « du Roy, qui travailloit depuis cinq ans les dessins des habits « de l'Académie fut choisi pour composer ceux des machines « et des décorations qui parurent alors avec un grand éclat. »

Le décor d'*Armide* (n° XXI) est de Berain, le dessin original existe dans le recueil des Archives nationales.

Les décorations de Berain, aussi bien que celles des décorateurs italiens qui l'avaient précédé, sont conçues d'après une perspective uniforme et régulière. Chaque plan diminue de grandeur et toutes les lignes aboutissent au centre du tableau.

Vers 1730, un décorateur célèbre, qui est en même temps un célèbre architecte, rompit avec ces traditions. Servandoni modifia complètement la construction, et ce qu'en terme de métier on appelle la *plantation* du décor. Voici ce que dit Parfait dans son histoire manuscrite de l'Académie Royale de musique, à propos du *Temple de Minerve* première décoration de *Thésée*, lors de la huitième reprise de cet opéra, le 28 novembre 1729 :

« La perspective sembloit avoir donné réellement à ce tem-
« ple une élévation extraordinaire, puisque malgré la petitesse
« du lieu, et, sans avoir dérangé aucune machine, les décora-
« tions étoient beaucoup plus hautes sur le fond du théâtre
« que sur le devant, chose qu'on n'avait point encore vue à
« l'opéra et qui fit un effet admirable, car, outre le dôme, on
« voyoit dans le fond deux ordres d'architecture, le tout ayant
« trente deux pieds de haut réels, qui paroissoient à la vue en
« avoir plus de soixante, au lieu que jusqu'alors aucune déco-
« ration n'avoit eu au plus que dix huit pieds de haut dans le
« fond. »

Il eut été très-désirable de faire figurer au nombre des maquettes exposées, une décoration de Servandoni ; mais, malgré des recherches faites aux Archives, à la Bibliothèque nationale, à l'Arsenal, dans les collections de dessins du Louvre, dans les cabinets de plusieurs amateurs, il n'a pas été possible de retrouver un dessin de décor qui fut bien incontestablement de Servandoni. Le dessin (nº 8) est tout au moins de son école, mais on ne sait exactement ni quel en est l'auteur, ni pour quel ouvrage il a été fait, et la sous commission, fidèle à la loi qu'elle s'était imposée de n'opérer que d'après des documents certains, à dû renoncer avec regret à faire reconstituer un type de ce genre de décoration.

THÉATRE DE L'OPÉRA.

(*Salle de la rue Richelieu*).

Les plans de ce théâtre existent aux Archives nationales et aux archives de l'Opéra, qui possèdent également les inventaires détaillés des décorations. Il a donc été possible de reconstituer exactement le tableau final de l'opéra d'*Hécube*, d'après le dessin orignal de De Gotti (nº 30).

Au dos de ce dessin on lit : *Vû, bon pour être exécuté, ce 2 ventôse an VIII. Bonet.*

Cette signature est celle de Bonet de Treiches, alors directeur du théâtre de la République et des Arts (Opéra).

Avec le décor d'*Hécube* se termine la série des maquettes qui ont été spécialement reconstituées pour l'Exposition théâtrale. Ces maquettes ont été exécutées d'après les documents originaux, sous la direction et la surveillance de M. E. Perrin, par

MM. Duvignaud et Gabin, peintres de la Comédie-Française qui ont sû se tirer avec habileté d'une tâche difficile.

M. Diéterle, membre de la sous-commission, a pu fournir pour la reconstitution de ces anciens décors des renseignements d'autant plus précieux, qu'au début de sa carrière d'artiste il a eu l'occasion de se trouver en rapports avec des peintres ayant travaillé sous l'ancien régime et se souvenant des procédés employés alors par une école de décorateurs, qui n'avaient à leur disposition ni les moyens d'éclairage, ni même les couleurs dont on se sert maintenant, et qui pour l'entente de la perspective aérienne et l'exécution du paysage particulièrement, avaient conservé d'anciennes traditions.

NOUVEL OPÉRA.

Les maquettes exposées sous les n°s XXIV à XXXVII, sont celles-là même qui ont servi à la construction des décors. Elles font partie de la collection des maquettes qui, d'après l'article 38 de l'arrêté du 15 mai 1866, doivent être conservées aux archives de l'Opéra. Elles présentent des types divers de décorations sorties de chacun des cinq ateliers qui travaillent pour le théâtre de l'Opéra.

Il restait une dernière difficulté à surmonter pour exposer convenablement, dans un espace restreint, vingt-quatre maquettes ayant besoin d'être éclairées plus vigoureusement que la partie de la salle réservée au public, et de façon à ce que l'intensité de la lumière pût être modifiée pour chacune d'elles suivant l'effet que le décorateur s'était proposé de produire. M. Rossigneux, d'accord avec M. Charles Garnier, a su triompher de tous les obstacles et donner satisfaction aux légitimes exigences des artistes, dont les œuvres ne pouvaient être appréciées qu'à l'aide de divers artifices remplaçant les nombreux moyens d'éclairage dont on dispose sur un grand théâtre.

Une collection de dessins originaux de décors et de costumes, provenant des archives de l'Opéra et de la Comédie-Française, ou des collections de plusieurs amateurs qui ont eu l'obligeance de les prêter, complète, avec différents modèles relatifs à la machinerie l'exposition rétrospective et contemporaine des œuvres artistiques et des engins relatifs au théâtre.

PREMIÈRE PARTIE

MAQUETTES

I

THÉATRE ANTIQUE D'ORANGE.

Modèle en relief de la SCÈNE DU THÉATRE ROMAIN D'ORANGE, d'après la restauration de l'architecte Caristie; réduction à l'échelle de 3 centimètres pour 1 mètre, exécutée par M. Darvant, sous la direction de MM. Ch. Garnier et Heuzey.

Pour donner une idée complète de l'histoire des représentations dramatiques en France, la *Commission* ne pouvait manquer de commencer par le théâtre romain, qui a laissé sur le sol de l'ancienne Gaule tant de ruines imposantes. Le théâtre de l'antique *Arausio*, dans la Gaule narbonaise, est certainement l'exemple le plus remarquable de ces grandes constructions dans notre pays. Ce qu'il présente surtout de très-rare, c'est que les murs de la scène y sont restés debout dans toute leur hauteur, jusqu'aux derniers couronnements; il est vrai qu'ils sont dépouillés des placages de marbre et des trois étages de colonnes qui les décoraient ; mais les nombreux trous d'encastrement dont ils sont criblés ont permis à un architecte expérimenté de restituer presque à coup sûr toute cette décoration architecturale.

On est frappé tout d'abord des dimensions vraiment colossales de l'édifice, surtout quand on le compare aux maquettes des théâtres modernes, exposées dans la même salle et reproduites à la même échelle de 3 centimètres pour 1 mètre.

La scène du théâtre d'Orange a 61 mètres de largeur, 41 mètres de plus qu'à l'ancien théâtre de Bacchus à Athènes, et 45 mètres de plus qu'au Nouvel Opéra de Paris. La construction d'un aussi vaste théâtre dans une ville qui ne comptait même pas parmi les premières de la Gaule, s'explique par le caractère des représentations théâtrales chez les anciens : on sait qu'elles n'étaient pas, comme chez nous, une distraction payante, ouverte chaque soir aux amateurs de l'art dramatique. mais qu'elles tenaient une place nécessaire dans les grandes solennités publiques et religieuses, qui réunissaient en plein jour, à des dates fixes, non-seulement la population urbaine, mais encore celle de toute la région environnante, comprise dans ce que l'on appelait alors la *cité*.

Par ses dispositions, la scène d'Orange s'écarte très-sensiblement de celles de la Grèce et de l'Asie-Mineure ; elle se rapproche au contraire des scènes antiques de l'Italie. et particulièrement de celle du grand théâtre de Pompéi. Elle offre de même une profondeur plus grande que dans les anciens théâtres grecs, et un hémicycle en retraite sur lequel s'ouvre la porte centrale. Cette profondeur. qui relativement n'approche pas encore de celle de nos grandes scènes modernes, était devenue nécessaire à l'époque romaine, depuis que le chœur ne faisait plus ses évolutions dans l'orchestre, mais entourait avec les musiciens les acteurs proprement dits.

Le théâtre d'Orange, comme celui d'Aspendos, en Lycie, a conservé aussi les traces d'un toit et d'un plafond de charpente qui couvraient la scène et rejetaient les eaux pluviales en dehors. Ce toit était cependant trop élevé pour protéger bien efficacement les acteurs; mais il devait fournir pour la machinerie un point d'appui que les théâtres plus anciens ne connaissaient pas : il servait surtout à couronner dignement la décoration architecturale, qui, dans ces immenses théâtres, était combinée beaucoup plus, il faut le dire, pour l'harmonie générale de l'édifice que pour l'illusion scénique, dont les anciens se préoccupaient moins que nous.

Le déploiement du luxe architectural ne les empêchait pas. du reste, de se servir dans une certaine mesure de décors et de machines parfois assez compliqués; mais l'emploi du décor reposait sur des conventions théâtrales très-différentes de nos habitudes, et qui risquent, par conséquent, de nous paraître choquantes et invraisemblables; il en serait probablement de même de quelques-unes des nôtres aux yeux des anciens.

Il est certain que, dans beaucoup de pièces, quand il n'y avait pas à cela une invraisemblance trop forte, la décoration fixe de la scène, avec ses trois portes, était jugée suffisante. La porte du milieu, ou *porte royale*, représentait l'entrée du palais ou de la maison; la porte de droite, le logement des hôtes ; celle de gauche avait des attributions plus variables et pouvait désigner, suivant les nécessités du drame, un sanctuaire, une prison ou tout autre lieu du voisinage. Dans les cas, relativement rares, où la décoration d'architecture ne pouvait servir, par exemple lorsqu'il fallait représenter le rocher de Prométhée ou la caverne de Philoctète, on y pourvoyait par quelques décors très-simples. Plusieurs de ces décors étaient même classés d'avance dans le matériel du théâtre, comme ceux que l'on appelait le *rocher*, la *tour*, le *rempart* : c'étaient évidemment des décors sur lesquels on pouvait monter à l'aide d'une échelle ou d'un plan incliné, comme ceux que l'on appelle aujourd'hui *praticables*. De la même espèce était la *distégie* ou *double étage*, qui simulait une fenêtre ou une galerie du haut de laquelle on parlait, comme le balcon de *Don Juan*. C'est une grave erreur de croire que l'on se servît en pareil cas des énormes étages de la construction en pierre qui formait le fond de la scène. Tout au plus la grande niche qui en occupe le centre pouvait-elle être employée pour le *théologéion*, où les dieux se montraient comme du haut de l'Olympe. Ce n'est guère que dans les premiers théâtres en bois de peu d'élévation que l'on peut supposer une appropriation complète des constructions de la scène à la décoration théâtrale.

On ne peut douter non plus que ces décors primitifs ne se soient beaucoup développés à l'époque romaine et n'aient fini par produire, sous le nom de *scena ductilis*, tout un système de décoration mobile, analogue à nos décors à coulisses. La machinerie théâtrale n'emploie encore aujourd'hui qu'un petit nombre d'éléments très-simples, rainures, trappes, contre-poids, roulettes, treuils, poulies, cordages : il n'y a rien d'impossible à ce que les anciens ne les aient connus pour la plupart. Les Romains devaient arriver à produire des effets qui rappellent les changements de nos féeries, comme le prouve cette représentation du *Jugement de Pâris* dont parle Apulée, où l'on voyait le mont Ida, couvert de troupeaux et de forêts, jeter à la fin du spectacle, des gerbes de vin parfumé et s'effondrer ensuite tout entier pour disparaître sous la scène.

Cependant la décoration changeante, employée le plus ordinairement dans les théâtres antiques, était celle des fameux prismes tournants ou *périactes*, qui formaient ce que l'on nommait la *scena versilis*. Ils étaient placés près des deux grandes baies latérales, percées dans les ailes en retour d'angle ou *parascènes*. Ces deux entrées avaient aussi leur signification convenue : celle de droite par rapport aux acteurs, donnait accès aux personnages qui venaient de l'intérieur de la ville, de la place publique ou du port; celle de gauche désignait ceux qui venaient de la campagne ou de l'étranger. On remarquera que ces directions étaient rigoureusement exactes pour l'ancien théâtre de Bacchus, adossé à la citadelle d'Athènes; elles devinrent traditionnelles pour les autres théâtres, construits sur le même modèle. C'est ainsi que dans l'usage journalier des machinistes français, les deux côtés de la scène sont encore distingués sous les noms de *côté de la cour* et *côté du jardin*, d'après l'ancienne position du théâtre des Tuileries, bien que ces désignations ne répondent plus en aucune manière à la situation actuelle.

Il résulte de ces faits que les *périactes* servaient beaucoup moins à décorer le lieu même de l'action qu'à marquer plus nettement le point de la ville ou de la campagne d'où venaient les acteurs qui entraient en scène par les deux portes latérales. La peinture appliquée sur chacune des trois faces de la machine, ouvrait en quelque sorte, à travers l'architecture de la scène, une perspective que l'on changeait à volonté : c'était comme une percée sur l'extérieur. En remplaçant ces toiles ou ces panneaux, on pouvait obtenir une variété indéfinie de motifs. D'après les conventions adoptées, lorsque la *périacte* de droite tournait seule, le point de départ de l'acteur venant du dehors se trouvait modifié ; mais lorsque la *périacte* de gauche, qui représentait plus spécialement la ville, tournait en même temps que l'autre, le lieu de l'action était complètement changé : c'est ainsi du moins que nous avons compris l'emploi de ces machines. Nous en avons même tenté une restitution, uniquement pour donner une idée de l'effet qu'elles pouvaient produire et sans nous dissimuler que les proportions d'un théâtre, comme celui d'Orange augmentent singulièrement les difficultés de la question. Les sujets de nos décorations sont tous empruntés à des peintures antiques.

Une théorie ingénieuse, suppose même qu'il y aurait eu de chaque côté de la scène, non pas un, mais plusieurs prismes, formant par leur jeu combiné tout un système de décorations tournantes. Cette hypothèse repose sur une observation qui n'a jamais été sérieusement contrôlée et d'après laquelle on aurait relevé au-dessous de la scène du grand théâtre de Pompéi, trois cavités dont *une seule* conservait encore les débris d'un pivot en bois, garni de fer. Il n'est certainement pas impossible que l'on ait multiplié les prismes tournants pour en tirer un effet plus complexe. Cependant ce développement du système des *périactes* est en contradiction avec les textes relatifs au théâtre grec, sans compter que l'une des machines ainsi placées, d'après les prétendus vestiges de Pompéi, masquerait nécessairement de chaque côté, une des grandes portes du fond de la scène. Nous nous en sommes tenus au système le plus simple, qui suffit bien pour faire comprendre le caractère de ce genre de décor.

Aux diverses sortes de décorations s'ajoutaient des machines assez simples et le plus souvent visibles aux yeux des spectateurs. Tels étaient les *enkiklêmes*, estrades roulantes que l'on poussait en dehors des trois portes du fond, pour montrer les actes accomplis dans l'intérieur du palais, la *machine* proprement dite qui faisait apparaître les dieux par l'élévation d'une sorte de potence, la *grue* qui s'abaissait pour prendre un acteur et l'enlever dans les airs, les *trappes* qui faisaient monter les apparitions à travers le plancher du *proscénium*, etc., etc. Il ne serait pas impossible de se faire une idée de ces moyens élémentaires d'après la machinerie encore très-primitive du XVIIe siècle, telle qu'elle est figurée par exemple dans le curieux ouvrage de *Nicola Sabattini da Pesaro* intitulé *Pratica di fabricar scene e machine ne teatri*. Ravenna, 1638. Toutefois, comme on n'a retrouvé jusqu'ici aucune représentation des machines antiques, la restitution en serait toute conjecturale.

Si grands d'ailleurs que l'on imagine les perfectionnements réalisés à l'époque romaine sur l'ancien théâtre grec, il reste toujours pour les modernes la difficulté de concevoir comment ces mouvements de décors et ces jeux de machines pouvaient se combiner avec les dimensions écrasantes de l'architecture réelle qui les encadrait. Quelle illusion pouvaient produire les constructions fictives du décorateur et la taille même des comédiens devant ces colonnades superposées? Nous pensons qu'une transition était établie dans certains cas, entre le décor et l'architecture du fond de la scène, par un large emploi des tentures. Un renseignement curieux et peu connu parle d'étoffes et de toiles que l'on disposait dans les théâtres grecs pour imiter le ciel et qui étaient blanches pour figurer le jour, noires pour figurer la nuit. Dans plusieurs bas-reliefs représentant des scènes théâtrales, on voit, en effet, des draperies tendues ainsi sur le fond du théâtre, en arrière des acteurs. Mais, en somme, c'était surtout la puissance de l'habitude et de la convention qui devaient aider les spectateurs à faire en quelque sorte abstraction des disproportions qui nous semblent si choquantes.

II

MASQUE ANTIQUE DE TRAGÉDIE, exécuté d'après les données fournies par les monuments (par MM. Darvant et Pelez).

Dans la classification des masques tragiques, qui formait une échelle de types fixes et traditionnels, ce masque répond au rôle appelé par les Grecs *catacomos okhra*, c'est-à-dire la *femme pâle chevelue* : il servait pour les grands rôles de douleur et d'épouvante, comme pour une Médée ou pour une Clytemnestre.

L'espèce de haute couronne de cheveux qui le surmonte, nommée en grec *ongkos*, était destinée à augmenter la taille apparente de l'acteur. On peut voir dans la peinture antique n° IV, le même masque figuré sur la tête du tragédien.

III

Masque antique de comédie, reproduit dans les mêmes conditions que le précédent.

Il répond à l'un des rôles de *Géronte* de la comédie grecque. Les anciens masques comiques et tragiques ne couvraient pas seulement la face : c'étaient de véritables têtes creuses, dont la disposition concave contribuait à changer la voix de l'acteur et à la rendre plus sonore. Comparez la peinture n° VII.

Les recherches auxquelles l'Exposition théâtrale a donné lieu ont amené un résultat intéressant pour l'étude des anciens masques de théâtre. Sur la foi d'un vers de Virgile, qui s'applique uniquement aux représentations rustiques et populaires de l'Italie, on pensait qne ces masques étaient faits d'écorce ou tout au moins de bois. En prenant pour point de départ de nos expériences les masques et les enveloppes des momies égyptiennes, nous avons acquis la conviction que les masques tragiques et comiques étaient fabriqués avec de la toile mise en forme par un procédé d'estampage et couverte d'un enduit crayeux, auquel on donnait plus de cohésion en y mêlant de la colle. Ainsi s'explique un passage assez obscur de Lucrèce, relatif à des masques de craie, qui pouvaient, avant d'être complétement séchés, se retourner à l'envers sous l'action d'un simple choc. Deux autres témoignages antiques, jusqu'ici trop négligés, attestent que Thespis inventa les masques faits simplement de toile et qu'Eschyle après lui trouva les masques recouverts d'un enduit : c'est comme l'histoire du procédé que nous venons de décrire.

Voulant assurer aux modèles destinés à l'Exposition plus de solidité et de durée, nous les avons fait exécuter en *staff*, matière qui offre avec la précédente une certaine analogie. Pour la forme et pour le coloriage des deux masques exposés, nous avons suivi aussi rigoureusement que possible, non-seulement les indications des textes, mais encore celle des monuments, et surtout les précieux vestiges de couleur que l'on observe sur les fragments de masques en terre cuite rapportés de Tarse en Cilicie au musée du Louvre. L'exécution a été confiée, pour le moulage à M. Darvant, pour la peinture à M. Pelez.

IV

Scène de tragédie antique, reproduite en couleur d'après une peinture de Pompéï.

C'est un exemple très-complet de costume tragique; on y remarque la robe traînante à longues manches et à large ceinture, la haute semelle du cothurne, le masque, vu de profil, avec son couvre-nuque, et l'espèce d'éminence appelée *ongkos*, qui le surmontait. Ce masque répond au type de la *femme pâle chevelue;* l'héroïne qui le porte (on suppose que c'est Augé, séduite par Hercule) tient un petit enfant, qui est un simple accessoire de théâtre. Près d'elle, un second acteur, dans un rôle de *vieille servante*, porte une aiguière. — Cette reproduction et les suivantes ont été exécutées par M. Pelez.

V

Scène de tragédie antique, reproduite en couleur d'après les peintures d'une chambre funéraire de la Cyrénaïque.

On a quelque peine à reconnaître sous les longues robes bariolées sous le costume de convention et d'apparât de la tragédie, les dieux et les héros de la légende: Hercule est désigné par sa massue; près de lui Mercure porte le caducée; le troisième acteur est plus difficile à déterminer Le chœur est figuré, non dans l'orchestre, mais sur la scène, suivant l'usage des théâtres romains. On ne possède malheureusement de cette curieuse représentation qu'un mauvais croquis colorié, que nous avons dû suivre.

VI

Scène de comédie antique; reproduction agrandie de la peinture d'un vase grec trouvé en Sicile.

Cette peinture représente la scène d'un théâtre grec. On y remarque le proscénium avec l'escalier qui servait à monter de l'orchestre, l'autel domestique placé ordinairement en avant de la porte centrale, enfin un ordre de minces colonnes, probablement en bois, décorant le fond. Le masque comique se montre dans sa laideur caractéristique, et le bizarre costume des acteurs est rembourré de manière à ajouter à la caricature du visage celle même du corps humain. Ces formes grotesques sont prêtées hardiment aux dieux et aux héros : Hercule, avec sa peau de lion et sa massue, est devenu un séducteur de bas étage, et son aventure avec Augé, dont nous trouvions tout à l'heure un épisode représenté par la tragédie s'est changée en une scène bouffonne.

VII

Acteurs grecs se préparant pour la représentation d'un drame satyrique, en présence de Bacchus ; reproduction agrandie de la peinture d'un vase grec du musée de Naples.

Le drame satyrique avait conservé le caractère mixte des anciennes représentations rustiques en l'honneur de Bacchus; le chœur y était formé par les satyres, dont les danses et les plaisanteries égayaient les légendes mythologiques. Une troupe de jeunes comédiens se prépare à jouer un de ces drames; ils portent la ceinture de peau de chèvre et tiennent leurs masques suspendus par des cordons; l'un d'eux a déjà mis le sien et répète une danse comique devant le joueur de flûte. L'auteur ou le chorège assiste à la répétition; on le reconnaît aux rouleaux de papyrus qui contiennent les rôles de la pièce. Les acteurs principaux conservent dans leur costume et dans leur masque la noblesse du type traditionnel. Nous retrouvons encore ici Hercule, mais sous un aspect également éloigné de l'emphase tragique et de la caricature. Un autre personnage royalement vêtu tient un masque dont la forme et l'expression rappellent la tragédie. Le vieux Silène n'est peut-être que le chef du chœur. La scène est idéalisée par la présence de Bacchus qui préside à la fête donnée en son honneur; à demi-couché sur un lit de festin, il a près de lui Ariadne et une autre femme, qui lui présente un masque d'aspect juvénile et féminin, surmonté de l'*ongkos* tragique.

VIII

MYSTÈRE DE VALENCIENNES.

« Le téatre ou hourdement pourtraict comme il estoit quand fut ioüé le mystère de la passion Nostre Sr Iesus Christ, anno 1547 ». — Paradis. — Nazareth. — Le Temple. —

Hiérusalem. — Le Palais. — Maison des Evesques. — La Mer. — La Porte dorée. — Le limbe des pères. — L'Enfer.

Exécuté d'après le manuscrit de la Bibliothèque nationale, par MM. Duvignaud et Gabin.

IX

Le Mystère de Valenciennes. — Manuscrit prêté par Mme la marquise de La Coste (un vol. in-folio).

X

Mystère espagnol. — (Personnages groupés dans une petite boîte, probablement une scène de la *Nativité*), prêté par Mlle Agar.

XI

Modèle du plafond du théâtre de Trianon, prêté par M. Dupont-Auberville.

XII

Tableau mécanique, paraissant représenter diverses scènes théâtrales relatives aux quatre saisons, avec changements à vue (XVIIe siècle), prêté par M. Valpinçon.

XIII

Personnages de la Comédie Italienne. Arlequin, Brighella; Pantalon, le Docteur bolonais. Statuettes en bois, prêtées par M. de Liesville.

XIV

THÉATRE DE L'HOTEL DE BOURGOGNE. — *La Folie de Clidamant.* Pièce de M. Hardy, vers 1619?

Maquette exécutée, ainsi que les suivantes, jusqu'au n° XXIII, par MM. Duvignaud et Gabin, sous la direction de M. Emile Perrin.

« Il faut au milieu du Théâtre un beau palais, et à un des « costés une mer ou paroist un vaisseau garni de mâts, ou « paroist une femme qui se jette dans la mer, et à l'autre « costé une belle chambre qui s'ouvre et ferme où il y ayt un « lit bien paré avec des draps. » (*Extrait du manuscrit de la Bibliothèque nationale.*)

La date précise de la représentation de cette pièce est incertaine. La pièce elle-même n'est connue que par la mention qui en est faite dans le registre de Laurent Mahelot; c'est d'après ce document que Beauchamps cite *la Folie de Clidamant* et quelques autres pièces de Hardy, qui ne sont pas venues jusqu'à nous.

XV

THÉATRE DE L'HOTEL DE BOURGOGNE. — *L'Hypocondriaque ou le Mort amoureux*, tragi-comédie, de M. Rotrou, 1631.

« Il faut au milieu du Théatre une chambre funèbre et trois « tombeaux avec quantité de lumieres ardantes et que la dicte « chambre s'ouvre et ferme quand il en est besoing. D'un des « costés du Théatre forme d'une maison assez belle avec deux « chaires ou l'on s'assied dedans, et du mesme costé au qua- « trieme acte un arbre ou l'on lie un page. De l'autre costé « du théatre un bois, un antre, forme de fontaine et du gazon « ou tapit ou se repose une dame du mesme costé du bois. « plus il faut une chaisne, une bourse, une baguette, deux « draps pour des ombres, un pistollet, des fleurets et des ron- « daches. » (*Manuscrit de la Bibliothèque nationale*).

XVI

THÉATRE DE L'HOTEL DE BOURGOGNE. — *L'Illusion comique*, comédie de M. Corneille, 1636.

« Au milieu il faut un palais bien orné. A un costé du « Théatre un antre pour un magicien au dessus d'une mon- « taigne; de l'autre costé du Théatre un parc. Au premier « acte une nuict, une lune qui marche, des rossignols, un « miroir enchanté, une baguette pour le Magicien ; des car- « quans ou menottes, des trompettes, des cornets de papier ; un « chapeau de ciprez pour le Magicien. » (*Manuscrit de la Bibliothèque nationale*).

XVII

THÉATRE DE L'HOTEL DE BOURGOGNE. — *Lisandre et Caliste*, pièce de M. du Ryer, 1636.

« Il faut au milieu du théatre le petit chastelet de la rue de « St Jacques, et faire paroistre une rue ou sont les bouchers « et de la maison d'un boucher faire une fenestre qui soit vis « à vis d'une autre fenestre grillée pour la prison, où Lisandre « puisse parler à Caliste. Il faut que cela soit caché au pre- « mier acte et l'on ne fait paroistre cela qu'au second acte, et « se referme au mesme acte ; la fermeture sert de palais. A « un des costés du théâtre un hermitage sur une montagne et « un autre au dessoubs d'ou sort un hermitte. De l'autre costé « du théatre il faut une chambre ou l'on entre par derrière, « eslevée de deux ou trois marches, des casques, des bourgui- « nottes, des rondaches, des trompettes et une espée qui se « démonte. Il faut aussy une nuict. » (*Manuscrit de la Bibliothèque nationale*).

XVIII

Salle du Petit Bourbon. — *La Finta Pazza*, pièce mêlée de chants et de danses, de G. Strozzi, décor de Torelli, 1645.

« La place publique de la scène précédente fut transformée, avec une rapidité incroyable, en un jardin superbe et délicieux du palais du roi. Sur le devant de la scène régnait un dôme de verdure soutenu par huit grands termes de marbre autour desquels s'enroulaient les branches des arbustes qui, en s'élevant, formaient une voûte au milieu et des plafonds de chaque côté. La même ordonnance était reproduite sur les côtés où s'enlaçaient des myrtes et des roses. Plus loin était répétée une autre construction semblable à la première, avec des termes soutenant des vases pleins de fleurs odorantes. La perspective était interrompue par un grand arc de triomphe d'un travail rustique, par où l'on passait dans un immense jardin. Au milieu de ce jardin, régnait une voûte de verdure au delà de laquelle la vue, à travers une avenue d'orangers, s'étendait à plaisir et sans fin. »

« C'est sur cette scène vraiment royale que devaient se célébrer les noces de Déïdamie, lorsque après la fin de sa folie, elle aurait obtenu la main de son cher Achille. »

(*Traduit du livret italien*).

XIX

Atys. — Tragédie-lyrique représentée par l'Académie royale de musique, l'an 1676. Les paroles, de M. Quinault et la musique de M. de Lully. Décoration du 5e acte par Vigarani.

« Le théâtre représente des jardins agréables... Atys prend la forme de l'arbre aimé de la déesse Cybèle que l'on appelle Pin. Les divinités des bois et des eaux avec les corybantes honorent le nouvel arbre et le consacrent à Cybèle. »

XX

Psyché. — Tragédie lyrique, représentée par l'Académie royale de musique, l'an 1678. Les paroles sont de M. Corneille, et la musique de M. de Lully. Décoration du 2e tableau de l'acte II, par Vigarani.

« ... Vulcain et les forgerons disparaissent avec la forge et l'on voit le palais dans son entière perfection. Il est orné de vases d'or, avec des amours sur des piédestaux. Il y a dans le fond un magnifique portail au travers duquel on découvre une cour ovale percée en plusieurs endroits sur un jardin délicieux. »

XXI

Armide. — Tragédie, représentée par l'Académie royale de musique, l'an 1686. Les paroles sont de M. Quinault, la musique, de M. de Lully. Décoration du 5e acte par Berain.

« Le théâtre représente le palais enchanté d'Armide... les démons détruisent le palais enchanté et Armide part sur un char volant. »

XXII

Psyché. — Tragédie-ballet, de Corneille, Molière et Quinault, représentée pour la première fois en 1671. Décoration de l'acte IIIe, exécutée par Joachim Pizzoli, pour la reprise de 1685, sur le théâtre de la rue Mazarine.

La scène se change en une cour magnifique, ornée de colonnes de lapis, enrichies de figures d'or qui forment un palais pompeux et brillant, que l'Amour destine pour Psyché. »

XXIII

Hécube. — Opéra en cinq actes. Paroles de Milcent, musique de Fontenelle, représenté pour la première fois, sur le théâtre de la République et des Arts (Opéra), le 13 floréal an VIII. Décoration du dernier tableau de l'acte V, par De Gotti.

« Le fond du théâtre s'écroule et laisse voir toutes les horreurs du sac de Troie, la ville en feu, des monceaux de morts, des groupes épars de troyens qui succombent. »

XXIV

Guillaume Tell. — Opéra en quatre actes, paroles de Jouy et Hipp. Bis, musique de Rossini. Représenté pour la première fois, le 8 août 1829. Décoration du premier acte, par MM. Rubé et Chaperon. (Les décorateurs ont reproduit les principales dispositions du décor original de Cicéri.)

« La scène se passe à Burglen, canton d'Uri. A droite, se trouve la maison de Guillaume Tell ; à gauche débouche le torrent de Schachental sur lequel le pont est jeté. Une barque est attachée au rivage. »

XXV

Robert le Diable. — Opéra en cinq actes, paroles de Scribe et Germain Delavigne, musique de Meyerbeer. Représenté pour la première fois, le 21 novembre 1831. Décoration du 2e tableau du 3e acte, par MM. Rubé et Chaperon. (Les décorateurs ont reproduit les dispositions du décor original de Cicéri.)

« Le théâtre représente une des galeries du cloître. A gauche, à travers les arcades on aperçoit une cour remplie de pierres tumulaires dont quelques-unes sont couvertes de végétation, et au-delà de la perspective, les autres galeries. A droite, dans le mur, entre plusieurs tombeaux sur lesquels sont couchées des figures de nonnes taillées en pierre, on remarque celui de sainte Rosalie ; sa statue en marbre est recouverte d'un habit religieux et tient à la main une branche verte de cyprès.

Au fond, une grande porte et un escalier conduisant aux caveaux du couvent ; des lampes en fer rouillé sont suspendues à la voûte. Tout annonce que depuis longtemps ces lieux sont inhabités. Il fait nuit, les étoiles brillent au ciel et le cloître n'est éclairé que par les rayons de la lune.

XXVI

Don Juan. — Opéra en cinq actes. Traduction de Castil Blaze et E. Deschamps, musique de Mozart. Représenté pour la première fois, le 10 mars 1834. Décoration du 2e tableau du 2e acte, par MM. J.-B. Lavastre et Despléchin.

« Le bal, vaste salle du château de Don Juan, à droite une petite porte masquée par un rideau, donnant dans un cabinet secret. »

XXVII

Les Huguenots. — Opéra en 5 actes, paroles de Scribe et E. Deschamps, musique de Meyerbeer, représenté pour la première fois le 29 février 1836. Décoration du 2e acte par MM. J.-B. Lavastre et E. Despléchin (les décorateurs ont reproduit les dispositions du décor original de MM. Sechan, Léon Feucheres, Desplechin et Diéterle).

« Le théâtre représente le château et les jardins de Chenonceaux, à trois heures d'Amboise. Le château de Chenonceaux est bâti sur un pont (en perspective), le fleuve serpente en lignes courbes jusque sur le milieu du théâtre, disparaissant de temps en temps derrière des touffes d'arbes verts. A droite un large escalier en pierre par lequel on descend du château dans les jardins. »

XXVIII

La Reine de Chypre. — Opéra en 5 actes, paroles de Saint-Georges, musique d'Halévy, représenté pour la première fois le 22 décembre 1841. Décoration du 3e acte par M. Chéret.

« La scène se passe à Nicosie, capitale du royaume de Chypre. Le théâtre représente le jardin d'un Casino à Nicosie, une vaste treille étend partout ses rameaux et forme une verte tonnelle sous laquelle des groupes de buveurs sont assis. A droite un escalier conduisant à l'extérieur du Casino, partout des massifs d'arbres et d'épais bosquets. Il fait nuit. La lune éclaire le fond de ce tableau tandis que la partie la plus avancée de ce jardin est brillamment illuminée par des candélabres placés sur les tables et des girandoles suspendues aux branches. »

XXIX

La Reine de Chypre. — Décoration du 4e acte par MM. Rubé et Chaperon.

« Le théâtre représente la grande place de Nicosie, au fond le port, à droite le palais du roi auquel on monte par un vaste perron, à gauche une longue colonnade conduisant à la cathédrale, au fond, la mer et les forts de la rade. »

XXX

Le Freyschutz. — Opéra en 3 actes, traduction de M. Pacini, musique de Weber, récitatifs de Berlioz, représenté pour la première fois le 7 juin 1841. Décoration du 2e tableau du 2e acte par MM. J.-B. Lavastre et E. Desplechin.

« Gorge sauvage en grande partie, entourée de sapins et de hautes montagnes de l'une desquelles se précipite une cascade d'eau naturelle. La pleine lune pâle, deux orages sont en marche et se croisent. Sur le devant un gros arbre séché et pourri ; il paraît calciné par la foudre, de l'autre côté sur une branche noueuse un grand hibou roulant des yeux pleins de feu, sur d'autres arbres des corbeaux et d'autres oiseaux des bois. »

XXXI

Hamlet.— Opéra en 5 actes, paroles de MM. Carré et J. Barbier, musique de M. A. Thomas, représenté pour la première fois le 9 février 1868. Décoration du 2e tableau du premier acte par MM. Rubé et Chaperon.

« L'esplanade, au fond le palais illuminé. Il est nuit, la lune est voilée d'épais nuages. »

XXXII

Faust. — Opéra en 5 actes, paroles de MM. Carré et de J. Barbier, musique de M. Gounod, représenté pour la première fois sur le théâtre de l'Opéra le 3 mars 1869. Décoration du 3e tableau du 3e acte, par Cambon.

« La rue. »

XXXIII

Jeanne d'Arc. — Opéra en 5 actes de M. Mermet, représenté pour la première fois le 3 avril 1876, décoration du 2e tableau du 4e acte par Cambon, MM. Lavastre aîné et Carpezat.

« Le théâtre représente l'intérieur de la grande nef de la cathédrale avec le maître autel en face. »

XXXIV

Le roi de Lahore. — Opéra en 4 actes, paroles de M. L. Gallet, musique de M. Massenet représenté pour la première fois le 27 avril 1877, décoration du 1er acte par M. Daran.

« A Lahore devant le temple d'Indra; sur les hauteurs, au loin, les jardins et les édifices de la ville éclairés par les dernières lueurs du couchant. »

XXXV

Le roi de Lahore. — Décoration du 2e acte par M. Chéret.

« Campement d'Alim dans le désert de Thol, plaine sablonneuse et nue, l'horizon immense, ciel enflammé, déclin du jour, à gauche et à droite, tentes du roi, tente de Sita et de ses femmes, tapis et coussins à l'entrée des tentes. »

XXXVI

Sylvia. — Ballet pantomime en deux actes de MM. J. Barbier et Mérante, musique de M. Delibes, représenté pour la première fois le 14 juin 1876, décoration du 1er acte par M. Chéret.

« Un bois sacré. Au fond, à gauche, un petit hémicycle en marbre, avec la statue de l'Amour au milieu. Vers la droite, un cours d'eau, au-dessus duquel s'enchevêtrent les branches, et dont les sinuosités se perdent dans l'épaisseur du bois, du même côté un quartier de roc. Buissons de myrtes et de lauriers-roses. Clair de lune. »

XXXVII

Le Fandango. — Ballet pantomime par MM. Meilhac, Ludovic Halevy et Mérante, musique de M. Salvayre, représenté pour la première fois le 26 novembre 1877. Décoration de M. Daran.

« La grande place d'un village près de la frontière des Pyrénées. A droite, le château du marquis; à gauche, une hôtellerie avec une grande terrasse praticable. »

DEUXIÈME PARTIE

DESSINS ORIGINAUX DE DÉCORS ET DE COSTUMES

1, 2. Costumes d'opéra. Epoque de Louis XIV. (*Arch. de l'Opéra.*)

3. Costumes d'opéra. Epoque de la régence. (*Arch. de l'Opéra.*)

4. Dessins de décorations par Lajoue. Jardin, enfer. (*Prêtés par l'administration du Mobilier national.*)

5. Costumes d'opéra. Epoque de la régence. (*Arch. de l'Opéra.*)

6. Dessins de décorations. Palais magique. Châssis de ville et de jardin (*Prêtés par l'administration du Mobilier national.*)

7. Costumes d'opéra. Epoque de la régence. (*Arch. de l'Opéra.*)

8. Dessin de décoration. Palais, école de Servandoni. (*Donné aux archives de l'Opéra, par* M. G. Berger, *directeur des sections étrangères, Exp. Univ.*)

9. Costumes d'opéra. Epoque de la régence (*Arch. de l'Opéra.*)

10 à 13. Costumes originaux du ballet du roy. Dessins sur vélin par Bérain. (*Prêtés par* M. Destailleurs, *architecte.*)

14. Costumes d'opéra. Epoque de la régence. (*Arch de l'Opéra.*)

15. L'hôtel de Bourgogne. Dessin original de l'almanach de 1689, par Sevin. (*Arch. de l'Opéra.*)

16. Dessin original du décor de Psyché; comédie-ballet (*Prêté par la Comédie-Française.*)

17. Affiche des comédiens de la troupe choisie, photographiée d'après l'exemplaire appartenant à la Bibliothèque de l'Arsenal.

18, 20. Anciennes affiches des théâtres de Paris, 1779 (*arch. de l'Opéra.*) Affiches de théâtre de province, 1791, prêtées par M. Deseille, archiviste, à Boulogne-sur Mer.

21, 22. Dessins de Daguerre, prêtés par M. Billon-Daguerre.

23. Album de 98 dessins originaux de costumes des ballets de cour et de l'Opéra. (*Prêté par* M. le comte d'Armaillé.)

24. Eventail représentant des acteurs tragiques et comiques réunis dans un appartement tendu de verdures (gouache du XVIIe siècle. *Prêté par* M. Lecoq, *avocat à la cour d'appel.*)

25. Costumes d'opéra. Epoque de Louis XV. (*Arch. de l'Opéra.*)

26. Dessins de décorations. Scanderbeg. 1735. (*Prêtés par l'administration du mobilier national.*)

27. Costumes d'opéra. Epoque de Louis XV. (*Arch. de l'Opéra.*)

28. Dessins de décorations exécutées pour le théâtre du Havre en 1787, par Archangé. (*Donnés aux arch. de l'Opéra par* M. F. Hérold.)

29. Dessins de costumes d'opéra, par Boucher. (*Arch. de l'Opéra.*)

30. Dessins de décorations par De Gotti, palais, décorations de Fernand Cortez. (*Trois dessins donnés aux archives de l'Opéra, par* M. Diéterle.) Décoration du 5e acte d'*Hécube*. (*Dessin donné aux archives de l'Opéra par* M. Pescheloche, *architecte.*)

31. Costumes d'opéra. Epoque de Louis XVI. (*Arch. de l'Opéra.*)

32. Dessins de décorations par Cicéri. *Sémiramis. La Sirène.* (*Arch. de l'Opéra.*)

33. Costumes d'opéra par Berthélemy. *Tamerlan*, 1802. *Les Bardes*, 1804. (*Arch. de l'Opéra.*)

34. Dessins de décorations par Ciceri (*Arch. de l'Opéra.*)

35. Costumes d'opéra, par H. Lecomte. (*Arch. de l'Opera.*)

36. Costumes d'Opéra, par L. Boulanger. *Esmeralda*, 1836. (*Arch. de l'Opéra.*)

37. Dessin de décoration. Ciceri. (*Arch. de l'Opéra.*)

38. Costumes d'opéra (*L'Orgie*, *la Sylphide*), par E. Lami. (*L'Ile des pirates*), par Léopold Robert. (*Arch. de l'Opéra.*)

39. Dessins de décorations, Cicéri. (*Arch. de l'Opéra.*)

40. Costumes d'opéra. (*La Gypsy*, *la Tarentule*, *le Lac des fées*, *Jeanne la folle*, *Sapho*, *Carmagnola*, *Benvenuto Cellini*, par M. Lormier. (*Arch. de l'Opéra.*)

41. Dessins de décoration. *Le Gladiateur*, par Thierry, *Robert Bruce*, par Cambon. (*Arch. de l'Opéra.*)

42. Éventail représentant une scène du *Bourgeois gentilhomme*, sous la régence, avec les spectateurs sur la scène. (*Prêté par* Mlle Agar.)

43. Salles de l'Opéra :

1° Première salle du Palais-Royal; 2° Deuxième salle du Palais-Royal; 3° Salle du boulevard Saint-Martin; 4° Salle de la rue Richelieu; 5° Salle provisoire, rue Louvois; 6° Salle de la rue Lepeletier.

44. Dessins de décoration par Despléchin. (*Prêtés par* M. Despléchin.)

45. Costumes d'opéra, *Jovita*, *Don Sébastien*, par M. Lormier; *Sémiramis*, par M. Alfred Albert; *le Roi de Lahore*. *Le Fandango*, par M. Lacoste. (*Archives de l'Opéra.*)

46. Dessin de décoration. Le *Bal de Gustave*, par Cambon. — Les figures par Diaz. (*Archives de l'Opéra.*)

47. Costumes d'opéra. (*Sylvia*, *le fandango*), par M. Lacoste. (*Archives de l'Opéra.*)

48. Atelier des menus plaisirs (1821). (*Donné aux Archives de l'Opéra par* M. C. du Locle.)

49. Dessin de décoration. *La Reine de Chypre*, par Cambon. (*Archives de l'Opéra.*)

50. Inauguration de la salle de l'Opéra, rue Lepeletier, 1821. La loge du rez-de-chaussée à droite, qui était celle du

duc de Berry, dans la salle de la rue Richelieu, est murée par un sentiment de convenance. Par suite, la loge d'en face a été, de même, supprimée. (*Donné aux Archives de l'Opéra par* M. C. du Locle.)

51. Dessin de décoration. L'*Etoile de Séville*, par Cambon. (*Archives de l'Opéra.*)

52. Dessins de machines de théâtre. (*Prêtés par l'administration du Mobilier national.*)

53. Dessins de décorations. Le cloître *des Huguenots* (non exécuté.) *La Fronde*, par MM. Sechan, L. Feuchères, Despléchin et Diéterle. (*Prêtés par* M. Diéterle.)

54. Dessins de décorations. Palais. Campagne. (*Prêtés par* M. Billon-Daguerre.)

55. Dessins de décorations. *La Favorite*, par M. Feuchères. (*Donné aux archives de l'Opéra par* M. le baron Taylor.) — *Stradella*, par MM. Séchan, L. Feuchères, Despléchin et Diéterle. (*Prêté par* M. Diéterle.)

56. Dessins de décoration. *Les Huguenots*, dernier tableau, par MM. Sechan, L. Feuchères, Despléchin et Diéterle. (*Prêté par* M. Diéterle.)

57. Dessin de décorations. *Chatterton*. (Par MM. Duvignaud et Gabin.)

58. Dessins de décorations. Place publique Louis XIII. *Le Lion amoureux* (5e acte). (*Archives de la Comédie-Française.*)

59. Dessins de décorations. *Ulysse*, par Despléchin et M. J.-B. Lavastre (*Archives de la Comédie-Française.*)

60. Dessin de décoration. 2e acte de *Chatterton*, par MM. Duvignaud et Gabin.

61. Costumes de théâtre. (Théâtre anglais.) [*Archives de l'Opéra.*]

62. Dessins de décorations. *Lions et renards.* 5e acte d'*Hernani*, par Despléchin. (*Archives de la Comédie-Française.*)

63. Dessins de décorations. 2e acte de l'*Ami Fritz*, par MM. Duvignaud et Gabin.

64. Dessins de décorations. Théâtre allemand, 1782. (*Archives de l'Opéra.*)

65. Dessins de décorations. *Marion Delorme*, *le Fils de Giboyer*, *Galilée*, *Dalila*. (*Archives de la Comedie-Française.*)

66. Dessins de décorations. *Tabarin*, *le Bonhomme jadis*, *Jean de Thomeray*. (*Archives de la Comédie-Française.*)

67. Dessins de décorations. *Robert le Diable* (1er acte), *la Fée aux roses*, par Cambon. (*Archives de l'Opéra.*)

68. Dessins de décorations. *Jardin d'Ève*, *la Fille du Régent*, par Séchan. (*Archives de la Comédie-Française.*)

69. Dessins de décorations. *Orphée*, *Galathée*, par Cambon. (*Archives de l'Opéra.*)

70. Dessins de décorations. *Le Testament de César*, *Psyché*, palais de l'Amour. (*Archives de la Comédie-Française.*)

71. Dessins de décorations. *Les Troyens*, par Cambon. (*Archives de l'Opéra.*)

72. Dessins de décorations. *Diane*, salon Louis XIII; *Lady Tartuffe*. (*Archives de la Comédie-Française.*)

73. Dessins de décorations. *La Fille du Régent*. (*Archives de la Comédie-Française.*)

74. Dessins de décorations. *Rosemonde*, *les Contes de la reine de Navarre*. (*Archives de la Comédie-Française.*)

75. Dessins de décorations. *Le Retour du mari*, *le Camp d'Iphigénie*. (*Archives de la Comédie-Française.*)

76. Dessins de décorations. *Les Caprices de Marianne*, par M. Rubé, *la Suède sauvée* (ouvrage non représenté), par MM. Nolau et Rubé. (*Archives de la Comédie-Française.*)

77. Dessins de décorations. *Le Fruit défendu*, *Louis XI* (5e acte). (*Archives de la Comédie-Française.*)

78. Dessins de décorations. *Ulysse* (2e acte), par MM. Nolau et Rubé. *La Revanche d'Iris*, par Cambon. (*Archives de la Comédie-Française.*)

79. Dessins de décorations. *Chassis d'Iphigénie* (*Archives de la Comédie-Française.*)

80-82. Dessins de décorations, prêtés par M. Dupont-Auberville.

83. Moules en bois ayant servi à la fabrication des masques en cuir pour les danseurs (XVIIIe siècle), donnés par M. Hallé (la maison Hallé fournit l'Opéra depuis plus d'un siècle). (*Archives de l'Opéra.*)

L'usage des masques pour les danseurs a été général à l'Opéra, jusqu'à la réforme opérée par Noverre, vers 1770. On prétendait que ces masques étaient nécessaires pour cacher les grimaces produites par les efforts de la danse.

TROISIÈME PARTIE

MACHINERIE THÉATRALE

A. Modèle en bois de théâtre avec ses dessus, ses dessous, ses treuils, chariots, trappes, etc.

B. Modèle de la machinerie du vaisseau de l'*Africaine*. (Nouvel opéra).

C. Modèle de machine pour apothéose.

D. Modèle de tambour.

E. Modèle de trappe pour l'apparition ou la disparition d'un personnage.

F. Modèle en bois d'un contre-poids de 1.350 kilogrammes, chaque pain de plomb enfilé à une tige de fer, pèse 50 kilogrammes.

G. Modèles de corderie.

H. Modèles de moufles.

I. Palette de décorateur et série des brosses employées dans la décoration théâtrale, règles, compas, etc.

K. Modèles de ferrures diverses.

LIVRES

RELATIFS A L'HISTOIRE DE L'OPÉRA

ET DE LA MISE EN SCÈNE

Bibliothèque musicale du théâtre de l'Opéra. — *Catalogue historique, chronologique, anecdotique,* par M. Théodore de Lajarte. 2 vol. in-8°.

La Scène, revue des succès dramatiques. — Décorations, costumes, par M. J. Gaildrau.

Le Nouvel Opéra, par M. Ch. Nuitter.

L'envers du Théâtre, — Machines et décorations, par J. Moynet.

PARIS. — TYPOGRAPHIE A. POUGIN, 13, QUAI VOLTAIRE. — 11986.

PARIS. — TYPOGRAPHIE A. POUGIN, 13, QUAI VOLTAIRE. — 11986

www.ingramcontent.com/pod-product-compliance
Ingram Content Group UK Ltd.
Pitfield, Milton Keynes, MK11 3LW, UK
UKHW021530260726
13993UKWH00004B/1906